AF252583

L.12 27
42439

UNE

Réflexion Néerlandaise

QUE ME SUGGÈRE

„le ROYAL MARTYR

du 19ᵉ Siècle etc"

par **M. GRUAU DE LA BARRE**

~~~~~~~~~

par J. G. DE DOMPIERRE DE CHAUFEPIÉ

~~~~~~~~~

Dédiée à **L'ETAT NÉERLANDAIS**

AMSTERDAM

S. VAN HELDEN

1869

Imprimerie générale de M. & F. C. Westerman.

À.

L'État. Souverain. Néerlandais.

Indivisible. Consciencieux. Impartial.

Inviolable.

à Sa Justice.

à Son Droit.

LA PRÉSENTE RÉFLEXION.

Dédiée.

E quella sozza imagine di *frode*

S'en venne . . . .

. . . .

La faccia sua era *faccia d'uom giusto*

Tanto benigna avea di fuor la pella

E d'un SERPENTE *tutto l'altro fusto.*

. . . .

. . . .

. . . .

. . . .

NEL VANO *tutta sua coda guizzava*

Torcendo in su LA VENENOSA FORCA.

Dante *Inferno* Canto XVII.

La révolution française n'est pas finie, le *même mal est à l'heure qu'il est vivant et menaçant parmi nous.*

Il y a des *lois éternelles* qui réclament toujours.

Le but ne justifie jamais les moyens.

Le silence n'est qu'une défaillance lamentable, *une lâche et coupable* COMPLICITÉ.

Mgr. Dupanloup, évêque *d'Orléans*
cité par M. DE LA BARRE.

L'enfer sur cette terre a rugi dans ses antres ténébreux.

INTRODUCTION.

LE NIEUWE ROTTERDAMSCHE COURANT a jugé utile dans son Numéro du 17 Août dernier, de fixer bénévolement l'attention du public Néerlandais sur: „le Royal Martyr du 19ᵉ Siècle. Réplique histo-„rique (?) à Monsieur Dupanloup évêque d'Orleans etc., „par M. Gruau de la Barre. Imprimerie de „Nijs Fréres" à Breda 1869."

Sans doute la surprise de ceux qui s'imaginèrent que la tendance du N. R. Ct. était radicale ou subversive aura été grande, en remarquant que le N. R. Ct. est *bon légitimiste* (comme ce Républicain, qui disait un jour à M. de la Barre: „C'est pourtant *drôle* que nous autres républicains, qui reconnaissons Louis XVII (de M. de la Barre) nous devenions les légitimistes."

Ah! que c'est gentil (aardig)!

A d'autres d'admirer comment M. de la Barre peut *impunément* — se basant sur la SEULE révélation d'un *enfant en bas âge*, d'ailleurs *iudex in re sua* (car il s'agit, d'après M. DE LA B., de l'idendité dudit enfant) — expliquer un *grand mystère d'iniquité :* en révélant une *profonde scélératesse*, et signaler un *fratricide*, Voyez p. 27, 28 & 29.

C'est un mystère ? direz-vous ? (1)

Et moi je dis que l'Art. 22 § 2 J. Cr. Néerl. l'explique.

A l'Organe de l'Etat declaré compétent au terme dudit § 2, je recommande respectueusement,

la lecture de la *phrase*, se rapportant au feu Roi, laquelle *phrase* se trouve au milieu de la p. 12,

sans vouloir, cette fois-ci, énoncer une opinion individuelle *positive*, — à cause de l'extrême délicatesse des questions, s'y rattachant peut-être;

c'est pourquoi je NE porte PAS *plainte formelle*, en vertu des Articles 14 et 15 de l'I. Cr. Néerlandaise.

Cette fois la Justice Néerlandaise sera peut-être à même de *dévoiler, expliquer et révéler* ceque je considère comme un mystère étrange.

La présomption que je fais entrevoir, lue, approfondie

---

(1) Toujours est il que le *roman-pamphlet* a quelque IDENTITÉ avec L'HISTOIRE cynique d'Egalité ! — tout comme *l'historiette* des têtes, au bout des piques, qu'on fait *poudrer* (p. 23) avec L'HISTOIRE de Madame la Princesse de Lamballe.

et partagée, il s'agirait d'une affaire entre le Min. Public (représentant Très Haute Partie) et M. DE LA BARRE, dans la quelle je ne puis ni veux anticiper.

Il y a des juges à Berlin.

C'est rassurant pour les meuniers et.... pour *les Rois*.

Cela crée un *sans-souci* pour tous, — excepté pour ceux dont la cause est *si notoirement mauvaise,* qu'elle est refoulée „par les dénis de justice de tous les gouvernements", *majestueusement silencieux* comme „le général Charette, — et *deux de ses amis"* p. 49 — *statue du Commandeur* au festin commencé, que le roi et son procureur aussi respectent et redoutent.

M. DE LA BARRE, est bien inspiré EN NE DÉVOILANT PAS LE MYSTÈRE SILENCIEUX, dont „*l'Abrégé"* entoure ces trois *individus!* Voyez p. 49.

Devant *la Vendée,* l'enfer même s'arrête, recule et ne rugit plus! . . .

Le 19e Siècle, malgré lui, s'incline.

————

A moi maintenant de parler de ce qui est *trop visible* et *trop véritable*.

RÉFLEXION.

J'appelle l'attention Néerlandaise sur ce *fait*
que — je n'en doute pas — le Gouvernement du
Roi saura apprécier :

qu'on a publié à Breda, par conséquent sur le
territoire Néerlandais,
dans l'intention non dubitative d'y attribuer un
caractère *officiel quelconque très posisitif,*
se servant de LA FORME, en Europe, GÉNÉRALE-
MENT RECONNUE OFFICIELLE,
mais D'AUTRES ARMES que de Celles DE L'ETAT
NÉERLANDAIS.

A ceux qui seraient tentés de nier ce fait je dis :
Lisez le titre du »Royal Martyr," voyez les 4 illu-
strations, représentant Certaines Armes, *en bon-*

ne et due forme (1) et puis — toujours en ne pas oubliant ce que vous avez *vu,* lisez encore la proclamation des pages 20, 21 & 22. (2)

———

Le respect, qu'à chaque individu résidant dans le Royaume, inspire la haute sagesse du Gouvernement du Roi, me défend presque d'ajouter que le fait susdit blesse le *principe du droit des gens,* L'ETAT SOUVERAIN, in casù, LA SOUVERAINETÉ NÉERLANDAISE, L'ETAT NÉERLANDAIS.

A n'en pas douter, pour le moment, je dis-en risquant peut-être qu'on me trouve trop systématique, mais je désire échapper au vague-que c'est la Souveraineté intérieure qui est blessée, car c'est précisément la publication »*intra territorium*" qui blesse la Souveraineté *intérieure.*

———

(1) C. à d. 1º. entourées et SURMONTÉES de TOUS LES INSIGNES DE LA SOUVERAINETÉ, RECONNUS COMME TELS (ainsi : même abstraction faite, de cequi *dans le présent cas,* explique *mais* NE *constitue* PAS *le fait.* c. à d. abstraction faite des figures *héraldiques* DE TELLE OU TELLE MAISON: je *souligne:* Couronne et insignes Royaux *fleurdelysés,* (Grand Cordon de l'Ordre *du St. Esprit*). 2º. dûment PLACÉES.

(2) Pesez surtout ces phrases de la proclamation p. 21. Si jamais la Providence divine *se décidait à me mettre sur le trône de mes pères;* p. 22 . . . . . *que nul autre que moi n'est le véritable duc de Normandie, fils du Roi Martyr.*

Si — cequi à Dieu ne plaise — le Gouvernement n'intervient pas: la Souveraineté intérieure *et* extérieure (le prestige), ainsi: la Souveraineté entière serait indubitablement *affaiblie.*

En intervenant, le Gouvernement du Roi ne fera que revendiquer, pour l'Etat Souverain Néerlandais, *Son droit de conservation,* le premier et le plus éminent de Ses droits.

———

J'ajoute que, *si* un auguste Exilé résidait en Hollande et *s'*il publiait, en revêtissant cequ'il était écrit, d'un *caractère officiel,* Lui aussi, malgré *Son* incontestable légitimité, il *aurait* également blessé le droit des gens.

Mais Ses Armes à Lui n'ont pas besoin de la vaine ostentation „*d'un orateur de foire.*"

Dieu les à immortalisées dans la conscience des siècles, malgré toute circonstance fâcheuse, malgré toute influence regrettable, malgré tout *désir illégitime,* malgré toute calomnie, lors même qu'elle échappe à la rigueur de la loi *humaine.*

EPILOGUE.

A. M. DE LA BARRE.

Vous croyez exciter quelque compassion *politique* et j'appuie sur cet adjectif, en dévoilant encore...... un mystère d'infortune *possible*.

Cela fait pitié.

Moi aussi, Dieu m'est témoin, je me désole, quand je vois une jeune fille, QUELLE QUE SOIT SA POSITION SOCIALE, *travaillant pour sa famille, une partie de ses nuits, à la lueur d'une faible lampe.*

Mon âme exalte un pareil dévouement.

Mais jamais, comme vous, je n'aurais voulu dérober cette touchante, cette sainte figure à la nuit, qui l'enveloppa de ses chastes voiles, au seul regard de Dieu, à la compassion des Anges, pour la livrer à la presse, à la curiosité vulgaire, au sarcasme peut-être de l'indifférence.

Et cela, — pour relever une cause d'une *certaine politique*.

En le faisant, vous avez blessé un divin droit, celui de l'indigence.

Puisse le bon Dieu vous juger moins sévèrement. Je l'espère..........

C'est Son mystère à Lui!.....

CHAUFEPIÉ.

A MSTERDAM,

Août 1869.